Milton Montaño

Reflexiones necesarias

Milton Montaño

Reflexiones necesarias

para las religiones de hoy

JustFiction Edition

Imprint
Any brand names and product names mentioned in this book are subject to trademark, brand or patent protection and are trademarks or registered trademarks of their respective holders. The use of brand names, product names, common names, trade names, product descriptions etc. even without a particular marking in this work is in no way to be construed to mean that such names may be regarded as unrestricted in respect of trademark and brand protection legislation and could thus be used by anyone.

Cover image: www.ingimage.com

Publisher:
JustFiction! Edition
is a trademark of
Dodo Books Indian Ocean Ltd., member of the OmniScriptum S.R.L Publishing group
str. A.Russo 15, of. 61, Chisinau-2068, Republic of Moldova Europe
Printed at: see last page
ISBN: 978-620-3-57737-2

REFLEXIONES NECESARIAS PARA LAS RELIGIONES DE HOY

Introducción

En estas líneas se busca entablar diálogo entre las ciencias y las religiones se intenta plantear como las religiones han perdido su espacio en la vida de las personas como en la academia y centros de estudio, salir del dialogo bizantino a pensar la religión como algo activo en la vida para ello se usa una situación extrema pero valida para ejemplificar las pasiones del alma que se encuentran amenazadas por las ciencias

La conciencia intima en la búsqueda de intimidad

Ante la carencia de tierras cultivable y la población en aumento la producción alimentaria no

Era suficiente para dar abasto, y alimento para todos los habitantes y el calentamiento global dio fin a las proyecciones económicas y poblaciones. Frente a este fenómeno se reunieron los países más ricos y desarrollados con sus principales agencias de inteligencia, para enfrentar lo que para muchos no era evidente el fin de los tiempos y le amenaza de desaparición de la raza humana empezaron a pronunciarse los principales líderes del mundo.

Fue entonces cuando pensaron que durante la segunda guerra Mundial los Nazis realizaron experimentos genéticos junto con los países que participaron la unión soviética el fascismo de Mussolini y los países, de oriente en pequeñas islas del pacifico sur experimentos de mutaciones genéticas buscando hallar lo cien filósofos que hablo Platón y el super hombre de Nils-la existencia de la raza superior que eran blancos fue una fachada para esconder individuos en los cuales su genética fue modificada durante las campañas bélicas y médicas.

Este fue un secreto guardado por los gobiernos has el día de hoy estos hombres y mujeres presentaban una inteligencia extraordinaria y solo conocían la voluntad con indebilidad su pensamiento fue modificado y parecían como enfermedades mentales, son parecidas a exquizofrenias pero a decir verdad-son inteligencias infinitas creativas y creadoras en las diferentes ramas del conocimiento por las que fueron seleccionadas durante la segunda guerra mundial donde brutalmente murieron cientos de vidas para. Muchas personas inocentes donde se dio origen a una nueva dinámica de lucha por supremacía donde se cerró la época de lucha por las religiones y empezó una nueva dinámica igual de peligrosa para la intimidad del ser que en fondo es la que después del inicio de la historia del pensamiento se ve en peligro esta intimidad es a la que nunca. Tubo el grupo de elegidos durante los experimentos y que hoy al final de la era que se creía dominada por el hombre pasaron a ser víctimas de toda clase de experimentos con miras al perfeccionamiento militar y los avances en el conocimiento de la conciencia humana estos super hombres que fueron ocultados en fundaciones y centro de control de crecimientos y las principales iglesias del mundo cristianas musulmanas budistas hinduistas sintoístas e islámicas sistemas filosóficos como el taoísmo confucionismo como todo tipo de movimiento filosófico este será en caso del pensamiento afro y todos los movimientos después de la segunda guerra mundial ellos empezaron una lucha sin tregua por su intimidad que nunca existió, durante la segunda guerra mundial los campesinos del pacifico fueron engañados por los actores armados que les prometieron acabar con toda clase de enfermedades y facilitaron en secreto a sus hijos para los experimentos a cambios de trabajos y remesas, estos fueron vigilados por miembros de parroquias monasterios mezquitas pagodas templos budistas y sinagogas. Estos niños al nacer eran puestos a vigilancia de las principales autoridades religiosas y líderes de barrio y autoridades académicas que vigilaban su desarrollo desde la escuela pasando por los colegios y universidades ello incluía también, una pequeña red de tráfico de medicamentos, este es el caso de muchos que nunca existieron ellos fueron vigilados por sus propios padres campesinos que ignoraban el compromiso adquirido intimidad que negaban a sus hijos estos visitaban centros de desarrollo infantil donde se verifica su desarrollo los padre se les daba instrucciones, entrabamos en los principio de siglo veintiuno.

En el pacífico varias comunidades religiosas fundan comunidades en el pacífico sur se abre una mezquita y se funda una sinagoga en la ciudad principal y centros budistas y sintoístas como movimientos filosóficos empiezan a hacerse evidente ha llegado el momento, el fin de la intimidad desde el primer viaje a la luna cuando se propuso controlar todo desde el especio estos cien filósofos estaban aquí y la estructura estaba lista. Lo que se consideraba fue solo un eslabón de la conquista de la racionalidad humana obedecía a un plan trazado antes de la segunda Guerra mundial cuando se perdió el horizonte y la busque de Dios como motor dinamizador del crecimiento humano.

Se buscaron los docentes más preparados durante su educación primaria, que empezaron su formación psicológica básicamente se trataría de tener una formación humanística y de conocimiento de la geografía mundial, para poder hacer uso de su inteligencia paranoide e intentar con ellos crear una cortina de humo para ocultar que sus predicciones se quedaron cortas frente al fenómeno del calentamiento global.

Se trata de la ciudad del futuro controlada por la luz y los satélites espaciales. Estos satélites espaciales fueron colocados en pequeñas islas empezaba la época de experimentos con pequeños satélites que controlaban la lluvia y las radiaciones de calor como la lluvia y la presión atmosférica las personas en su mayoría campesinos de lugares muy pobres desconocían de los avances de la ciencia y lo que ocurría convivían con la lluvia y el sol que los sorprendía a cada instante y hora, en un intento por simular la temperatura. La capa de ozono tenía agujeros por todas partes y estas ciudades sumidas en el completo olvido y que en ocasiones se caracterizaban por aportar mucho al gobierno por regalías sus poblaciones enceguecidas por la formación religiosa el eterno problema de la intimidad.

Los elegidos eran personas en su mayoría de formación laica en las religiones y las ideas religiosas serian manipuladas por los científicos de las principales agencias espaciales del mundo- un testimonio de uno, es el siguientes el logro pese a su ignorancia y desconocimiento de los avances científicos descubrió que en la pequeña ciudad donde vivía puerto marítimo Alejandro estuvo al tanto de los experimentos realizados en la atmosfera, donde las nubes eran producidas artificialmente ello incluía las producciones de calor, las Ong defensoras del ambiente estaban al tanto, porque el experimento buscaba crear condiciones para la vida haca en tierra con se entretenía a las mentes más brillante con la introducción de tecnología androit en los seres humanos. En miguel se buscaba hallar la mente perfecta, Mientras Patricia realizaba pruebas militares Miguel en su escuela donde profesores agentes del gobierno educaron a Alejandro en secreto este era sometido a pruebas desde niño donde educaba a controlar la ira en cierta ocasión se le obligo a cargar un pupitre cuando solo estaba en segundo este profesor es adversario de su padre docente beneficiado por el gobierno con dos empleos, el también cumplía su labor en la educación de los cien filósofos que todos los días era recalcado por la ong ayúdele a controlar su ira y hazle enojar pero que no pierda los estribos también se le recalcaba que no se relacionara mucho con la gente pero que lo llevara a comprar a la plaza Alejandro crecía como un muchacho solitario. Las profesoras le robaban su intimidad sexual de poder relacionarse con niñas y llegar a tener novia, después del primer grado continuaron con su proceso de formación los vecinos de Bario que hacían parte del gobierno, con frases de corte religioso para su época como los niños no se juntan con las mujeres se buscaba tener al tope su racionalidad como la de las brujas durante la inquisición , la razón Alejandro recuerda que al llegar a grado quinto una profesora que se aprovechó de su sentimiento le dio un beso en la mejilla con la cual serraba totalmente su interés por las mujeres, de primero recuerda las fotos en las cuales se le colocaba un código, en cuarto comenta se enamoró de una de sus compañeras pero esta fue espantada por su padre cuando le puse a elegir entre una brutal operación matemática y ella todo con miras a tener su mente racional al máximo, la información era entregada a los agentes de gobierno, hoy la ciudad de Alejandro es controlada desde el espacio los sensores emiten señales a tierra donde son controlados donde las que hace poco eran empresas de telefonía celular si la cosa eran tan super controladas desde el espacio abajo no había descanso.

Cuando llego la hora de ingresar al colegio recordaba con orgullo las veces que en su niñez tubo que acompañar su padre al médico sitio desde donde fue observado por los médicos mientras acompañaba los médicos junto con los sacerdotes le enseñaban a desvalorizar su cuerpo, con miras a tenerlo siempre pendiente del pensamiento su padre se prestaba dado los compromisos adquiridos con el gobierno, Alejandro que fue fuertemente subordinado por su docente quien era padrino acondiciono la casa para que pudiera ponerse en marcha la construcción de la ciudad del futuro planeada por las principales potencias del mundo donde muchas personas vieron como fueron invisibilizados y perdieron su intimidad por formación académica religiosa y científicas con miras a crear el hombre perfecto.

El papel de la ciencia fue grande y protuberante los científicos en cargados de remplazar a las primeras jías de la humanidad los religiosos de todas las religiones y filosofías supervisaban las tomas de medicamentos y los comidas tanto, así como las dietas recuerda que se le proporcionaba muchas proteínas y verduras, en el colegio se les dio un código con el cual buscaban diferenciarlo de los demás estudiantes y poder controlarlos mejor como seguir su desarrollo, las docentes del colegio debes en cundo le realizaban algún guiño con miras a impedir que tuviera comprometida su afectividad los profesores le presentaban chicas pero que el viera inalcanzables para mantener solo atención a las problemáticas sociales mundiales como conflictos mundiales por el cual despertaron su interés durante las clase de ciencias sociales para emocionar su talento por las ciencias sociales recuerda que durante su juventud fue exonerado en varias ocasiones de estudiar el último periodo ´porque tenía asegurada la materia de ciencias sociales el es uno de los cien filósofos y debe prepararse para gobernar, esta era la consigna que Miguel ignoraba se les inculcaba el idealismo como una forma de vida y sobre todo la vocación como el principal ideal de sus vidas mientras se le recalcaba un cierto inconformismo por la situación actual de las cosas del mundo inconformismo por el capitalismo inconformismo por el comunismo y la sociedad actual, un idealismo que solo le permitía encontrar en la sociedad motivos de cambio y vocación altruista todo para formar una mente conforme los problemas mundiales que deberán ser sanados por pobre Alejandro en sus vida de adulto, el trabajo no terminaba hay también debería de adquirir un gran nivel de abstracción para poder resolver los problemas solo y soledad este altruismo era fuertemente vigilados por los lideres religioso que se infiltraban en los colegios punto donde deben desembocar toda su vida como una eterna paranoilla y un intento de parecerse a algunos de los lideres representantes de las religiones tradicionales, la familia ambiente y vecinos contribuían para que la paraniolla siga su curso con negaciones de afecto y con no concederle ninguno de sus caprichos cuando estuvo conformada la conciencia, empieza un fortaleciendo de las ideas religiosas eran invitados conformar o unirse a algunas de las religiones las cinco principales como movimientos filosóficos para adquirir más deseos de salvar al mundo, Alejandro fue invitado a una mezquita donde descubrió un culto antiguo que se le realizaba a la energía sexual por su paraniolla pudo descubrirlo.

El recuerda como su líder aprovechándose de una de las formas de entierro en la religió Profetica tomo unas vendas y formo su cuerpo en una forma de materia capaz de unirse a los metales durante la estadía de miguel en la universidad muchos docentes también encargados de visualizar su desarrollo lo seguían cultivando la paraniolla que acelerar su creatividad, se acomodaban los alumnos y docentes en dar clases solo para él, con la basta formación académica fruto de querer impedir que elegido llegara a instituciones de poder-

Con las vendas puestas también en Patricia se cuerpo se hacía flexible y entraba en una especie de simbiosis con el clima y el ambiente todos se cuidaban porque si llegaba a las instituciones de poder era ya imposible hacerle seguimiento, la promesa de la ciudad del futuro no era más que una excusa por que el calentamiento global apremiaba esa era la primicia del especio, abajo en tierra se realizan experimentos con seres humanos clonaciones mutaciones genéticas y la introducción de tecnologías de forma directa en el ser humano las principales fuerzas armadas del mundo supervisaban en secreto los experimentos.

Los experimentos eran vigilados desde el espacio con satélites inteligentes y tecnologías de alta definición y partes humanas se habían impuesto por las fuerzas armadas unas fuertes medidas de control satelital desde la tierra con celulares, con sus pequeños pulsos se ensayaban formas control mundial el sistema que violaba toda forma de conciencia intima consistía en una forma de control total de los cuerpos, Alejandro y Patricia fueron víctimas de las biotecnologías y control satelital Alejandro para ser conectarse bioquímicamente en el mundo altruista en que Vivian pudiera ser controlado fue insinuando por los líderes religiosos para cambiar de localidad con miras a expandir sus ideas religiosas el que en su pobreza e inocencia creí estar realizando una parte de proyecto religioso de algunas de las deidades de las religiones,

Todo había sido manipulado por los líderes religiosos durmiendo en una pequeña calle en un templo, donde fueron golpeado por el impacto de dos biocapsulas que lo sumergen en una biotecnología que se pega a cada uno de los elementos como hierro cobre agua níquel el trabajo que estaban realizando los mejores científicos del mundo que han tomado la batuta de mando en las ciencias y desplazado a las religiones en su mira de jías de la humanidad ellos tenían planes para junto con las agencias de ejército y las mentes más brillantes construir la ciudad Dios donde no hubiera violencia robos ni brotes de violencia y Alejandro y Patricia son producto de los primeros bioandrhides con las dos capsulas no terminaba el tratamiento faltaban la conexión a los equipos de los autos y las motos para que frente a cada automóvil y cada moto pensaran siendo así las mentes sin intimidad las que pensarían ante cada carro cada moto para obtener respuestas a las principales polémicas y problemas de la humanidad de ahí su paranoilla a tal punto de desconfiare de su propia familia víctima de las enseñanzas de los líderes religiosos que le enseñaban que el amor a Dios estaba sobre todas las cosas, los líderes religiosos se habían sumado a la búsqueda de sociedad perfecta los líderes religiosos confiaban profundamente en esta nueva tecnología Satelital que consistía la nueva tecnología tanto habían confiado los autoridades religiosas que se trataba intervenir el pensamiento por una señal controlada desde los satélites señal que se activaba en cada una delas ideas religiosa y los sacerdotes lo utilizaban para conectarse a un satélite las pastillas aplicadas en la espalda de Alejandro podrían permitirle conexión satelital y ser controlado en el espacio por los satélites la conciencia intima, se veía en peligro la inteligencia satelital intentaba competir con la inteligencia, una duda causada por la paranoilla que aumentaba tras el paso de auto por auto y moto por moto Alejandro al descubrir como su inteligencia e integridad había sido violada por unos experimentos que empezaron en la universidad , con juegos psicológicos donde se introdujeron milivoltios en el cerebro de Alejandro y Patricia que se cargaban con la cercanía de personas de color de tex morena la universidad de corte étnico lo utilizaba hasta antes de la conexión al satélite por las capsulas provocando fuertes dolores en el cuerpo que lo impulsaban a recorrer grandes distancias y pensar para producir respuestas a preguntas mundiales tal es el caso de la universidad, la familia de Alejandro Y Patricia infiltradas por militares uno vivía frente a su casa militar retirado de la armada este bioandroide empezó a poner las pequeñas cargas que le causaban fuerte dolor de cabeza y dolores en el cuerpo por lo que las cargas fueron puestas después por capsulas la bipolaridad resulto ser otra de las causas por la cual durante, mucho tiempo de su vida vivió la polaridad de ir a culto y estar pendiente de este señor militar retira Alejandro fue otro de los campesinos que están siendo trabajados a escondidas por líderes religioso y principales agencias religiosas como científicos el sueño de la inmortalidad ha empezado pero más que inmortalidad se buscaba control total de la población, en algunos se ensayaba los mecanismos de control. estos individuos eran atrapados por la comida y así podrían hacerle caminar grades distancias y coger desde cualquier lugar de la ciudad perfecta controlada por pulsos que se programaban desde los satélites y controlaban el movimiento de los cuerpos de las manos los pies la cabeza y todas las partes y en las noches todas llenas de estrellas artificiales, que buscaban repetir en tierra las condiciones del clima natural como rosear de milivoltios y liquido admioptico que recreaba las calle en las noche que eran recibido por los biandrohidae en tierra y creaban un clima similar al existentes pero artificial solo los seleccionados podrían sentirlo. En las noches se confundían con las estrellas la vida no era fácil para los pocos que lograban comprender lo que estaba pasando este momento difícil para la humanidad donde los jóvenes de universidades y los principales líderes religiosos encabezado por los científicos, buscando solucionar el calentamiento global y la introducción de mutaciones genéticas, estos trabajos amenazaban la entidad intima de las almas se perdía el horizonte de lo que es el ser humano es un tiempo difícil como muchos anunciaron la muerte de Dios y el interrogante de la existencia del alma parece que no podría traer al pensamiento y para buscar respuestas a las problemáticas de los pueblos modernos que ya no ven en la l religión ni en la intimidad intima una solución a las problemáticas del hombre moderno todo lo que es Dios suena a antiguo y frustrante del pensamiento religioso y las prácticas obsoletas hasta los mismos líderes religiosos se sienten inseguros en el amparo de Dios la religión se ha quedado como una época, más en la evolución del pensamiento o la historia del devenir del pensamiento humano, estas líneas son un resumen de como la intimidad reconocida como esa porte donde Dios se une al hombre se ve amenazada por la vida activa que nos envuelve la modernidad nos negamos a aceptar la espiritualidad religiosa como algo de lo cual podemos aprender formas de vida que nos amparen de las problemáticas que enfrentamos en el desarrollo de la vida el pensar a Dios a eliminada mi intimidad y la intimidad de otro somos solo seres evolucionados.

Almas en Peligro

Los líderes religiosos que estaban al tanto dejaron ver su poco convencimiento y certeza de las predicas de sus religiones en su interior su vocación no era más que salida a los innumerables problemas de sus vidas, problemas que no eran resueltos ni esperaban resolver se contentaban con la buena alimentación que recibían los sacerdotes rabinos cheik monjes budistas y sintoístas y filósofos se sentían muy decepcionados por los acontecimientos históricos científicos culturales y sociales vividos desde que se empezó a separar la ciencia y la religión, las mentes más prominentes en los líderes religiosos, encontraban la forma de organizar predica su discursos no eran más que la tradición oral aprendidos de sus superiores y compañeros que realizaban predica por emotividad, si poderse dar ni a ellos mismos respuestas de los porqués ni justificaciones del por qué lo hacían y ante los interrogantes de los iniciados respondía emotivamente con una realidad aprendida condesada en una frase, las escuelas de religión y filosofía parecía que educaban loras tener una frase ante cada problema y una respuesta ante cada pregunta tomada de algunos de sus libros, los líderes religiosos carecían de una personalidad de vida autónoma de pensar por si todo se limitaba a un trabajo programado y de su obligación, pero el papel del sacerdote monja sheik rabino y monje budistas y sintoísta como filosófico quedo rezagado en el mercado laboral y con una formación que no les permite abrazar los cambios en las ideologías y formas de pensamiento modernas.

Es este el problema que debe trabajar Alejandro por la que fue seleccionado como uno de los cien filósofos y los científicos mentes consideradas por los religiosos como actas para ser las nuevas jías espirituales de la humanidad, por lo que ningún líder religioso se manifestó ante las injusticias cometidas a estas podres seres humanos criaturas de Dios perdieron sus vidas humanas por tener formación solo para resolver problemas los destinos de la humanidad.

Alejandro tampoco tenía las respuestas como la entendemos la gente de a pie el comprendía la angustia que viven los religiosos desde que la ciencia y la religión empezaron a separarse. Desde la sigma con la iglesia ortodoxa donde cada bando tomo la línea de su orientación, le acompañaba la misma angustia que él no podía sentir donde se conoce que en sus inicios la iglesia tenía el griego y el hebreo como idioma donde cree también se confundieron las mitologías griegas y romanas con las enseñanzas cristianas y el pensamiento judío.

Y esta primera separación no sería más que un conflicto existente desde su fundación por lo que entonces se desconocía las culturas, la cultura griega se dividió volviendo a su estado original dentro de la liturgia porque desde un principio la religión, que mezclaba la mitología con la religión volvía a organizarse. El segundo movimiento separatorio acure con Lutero donde se desconocía la autoridad papal y buscaban relacionarse ellos personalmente con Dios, esto junto con los descubrimientos científicos sembraron el silencio de la creencia en Dios en todas las religiones mientras ellos se serraban buscando la verdad para que funcionaran mejor las teocracias los científicos que no fueron escuchados durante el establecimiento de las grandes religiones Budismo sintoísmo sembraban la duda en lo que se consideraban como verdades la ubicación de la tierra en el cosmos primer golpe que sufrieron los religioso es reconocer que la tierra no era el centro del mundo, luego que el sol no era inmóvil y por último que el universo estaba en expansión, cientos y miles de personas muertas durante los años de esplendor de las religiones que ni siquiera llegaron a ser consideradas piadosas, como el saber que muchas mentes brillantes eran secuestradas y obligadas a pensar y hacer prevalecer la existencia del cielo, la cual la única forma de creer fue hacerlo sentir en sus propias mentes y cuerpos en todas las grandes religiones, más que creyentes terminaron siendo profetas de la ciencias humanas. Cuando empezaron los continentes a querer renunciar a toda forma de religión hay que tener en cuenta que la entrada de la revolución industrial inventos como las penicilinas el auto el barco a vapor la imprenta destrozó la de Europa, Asia África y América principalmente los estados unidos donde las colonias europeas cambiaron la bella vida feudal por la vida industrial. Dijo el tutor a Alejandro mientras su inteligencia navegaba en la red sus ojos servían de conector a las radiaciones que salían del computador y el espectro luminoso dentro de una biblioteca donde se encontraba presente controlando con su pensamiento a muchos niños conectados en el pensamiento, proceso que se realizaba en casa y en su empleo sin que Alejandro supiera y su trabajo las dos microcápsulas colocadas en su espalda en una noche donde debatía con Patricia sobre el religión disparada desde el auto de los agentes de orden.

su trabajo donde también se ensayaba formas de conexión artificial la educación religiosa que recibió de su maestro espiritual le emocionaban los trabajos humildes por eso sentía orgullo de los trabajos humildes y sencillos, él era preso de las enseñanzas dadas por su maestro.

Cuando de tanto oír culto el amor se le trasformo en paranoilla y todo el día meditaba y la noche meditaba, su trabajo el más humilde que existía mover un carro de helados bendecido por su guía en este se ensayaban metanoillas es decir cómo crear un mecanismo de control que controlara la cantidad de dinero, La comida la dirección en las calles con pulsos que estimulan la glándula medular disparados desde el especio que también se conectaban a los autos y motos con ello también empezaba una carrera contra el reloj porque su piel se deterioraba al conectarse con los autos, por lo que Alejandro tenía que estar dándose largos descansos recostado sobre la hierba, para conectar su cuerpo a materia humana. Su piel se hacía maleable a los metales el proceso había empezado con la fábrica de helados donde la máquina de realizar las cuentas era depositado un pulso en sus niñas con lo cual Alejandro y Patricia se conectaban a red de internet y entraban en una especie de realidad virtual , que solo experimentaba Alejandro y Patricia como una especie de paranoilla, los científicos a cargo de este prototipo empezaron en una pequeña casa de culto religioso donde se le enseño la prioridad de pensar todo el día como Dios de tener la mente centrada solo en el Patricia su compañera virtual tuvo su primera conexión artificial mientras entonaba un cantico religioso, el objetivo de los líderes religiosos fue tenerla concentrada pensando solo en Dios ella entono el canto religioso y creyó ser tocada por Dios el pequeño lugar de culto había sido adaptado para trabajar le vista y facilitar la conexión de Patricia con las señales Alejandro de su parte concentrado solo en la paranoilla creía haber encontrado en el comercio sexual una forma para mantener pegado su cuerpo a la realidad de su propio ser, el yo que debía ser destruido por procesos psicológicos este yo en Patricia fue construido en su juventud por las religiones, cuando empezó la destrucción al ingresar a la universidad lugar donde empezaron hacer destruidos los conceptos de amor al prójimo por las teorías sociales modernas. El meditaba como la ciencia humana elimino la oportunidad de pensar a Dios y en su paranoilla en inicios miraba con preocupación como las teorías de los pensadores había desplazado a Dios de todas las universidades, pero la creencia en Dios debía caer, proceso doloroso que resultaba de destruir toda su personalidad y fundamentos religiosos proceso de desintegración de los conceptos aprendidos en la vida de religión estos valores de religión inmerso en el yo el desprendimiento del yo ante la conexión artificial de las cosas su estadía en el templo solo debía a que la luz eléctrica cargaba la piel de iones y electrolíticos que hacia la espalda de Alejandro y Patricia empezaban a pensar con el paso de automóviles y motos los científicos fuera del líder religioso camuflaban entre la gente y escondían las cosas de su gusto, controlando el gusto y este se vea obligado a pensar la respuesta al interrogante dejado durante su estadía en el lugar sagrado, sele programa en este lugar por la espalda producto de las milicapsulas y las corrientes y la luz del, los equipos en tierra que estaban en los templos disparaban el pulso en las casas laboratorios del sueño por el cual eran conectados mientras unos estaban despiertos los otros están dormidos haciendo un agache de cabeza decían el mensaje dejado en tierra en las principales templos de su región mientras otra señal controlaba su inconsciente y revisaba la pregunta.

Las, respuestas eran concebidas en tierra y observadas en un satélite desde el espacio Patricia y Alejandro lo comprendieron muy bien. Mientras las potencias celebraban que el sistema fuera sobre ruedas Alejandro que había aprendido a sentir amor por todas las religiones pensaba si no estaba frente al final de la religión que habían convertido los templos en centros de conexión artificial junto con las bibliotecas de las universidades , en cierta ocasión en la estadía de Alejandro en una biblioteca mientras se conectaba artificialmente a la red y la mente de muchos niños les ayudaba a encontrar respuestas a sus tareas e interrogantes por la conexión mediante la luz en una ocasión fue conectado con la red donde debajo estaban muchos niños conectados por la señal cuando alguno perdía el sueño.

Los fundamentos de su creencia tambaleaban cuando leía, cuando comparaba el espíritu. Humano cuando descubrió que muchos líderes religiosos eran producto de sus alienaciones y no de una experiencia de un alma creada antes del tiempo y espacio. La eterna polémica del espíritu y el espíritu humano fue creado por las circunstancias del tiempo y espacio como podrían ser mama y papa familia lugar de estudio creencias música cultura desde que adquirimos uso de la conciencia y aprendemos a racionalizar las cosas esta es una ruptura donde también se polemiza mucho cuando las humanidades han ganado mucho espacio en las universidades y colegios es donde se da catedra de materialismo finalmente se impuso, después de la segunda guerra mundial, aunque a decir verdad Alejandro el materialismo no tiene nada que ver en la lucha por la supremacía armamentista en que se han sumido los pueblos, yo recuerdo como en una pequeña isla donde tenía que pedir desayuno y medaban una arepa y café tenía que ser programado por las vendedoras que me reconocían, ellas debían impedir que yo registrara la temperatura ambiente eran pequeños laboratorios trasformados en casas o viceversa

Alejandro pero cuéntame que pasaba, puedo darte primero un beso la corriente de la señal invade mi cuerpo y la señal está cerca y recorre mi cuerpo son los autos Alejandro con termo sensores adatados solo para ti y para mi muchos más que desde niños fuimos vendidos a compañías tras nacionales y toda nuestra vida acido manipulada desde nuestro nacimiento yo intente reportar está perdida de intimidad al ministerio de defensa y esta manipulación de mi vida, solo te contare algunos apartes cuando estaba cursando segundo de la básica fui abuzada pero desconocía la causa, sufrí mucho no le di mayor importancia después de todo poco afecto mi vida no conocía yo mayores pormenores de las intenciones de las multinacionales poseedoras de nuestros derechos era eliminar la emoción sexual que debe morir para que las vibraciones satelitales sean mejor percibidas por los habitantes aquí en tierra mejor dicho, por eso corrí a tus brazos para detener el proceso degenerativo leda un beso que calienta la noche de una calle estos bioandrohides eran confinados a las calles después de todo quien creería esta historia de biotecnología en seres humanos y mi casa Alejandro también fue infiltrada por militares camuflados, un líder religioso que practicaba la prostitución sagrada luego te explico, mis órganos reproductores tenían que ser vigilados para impedir que llegara al matrimonio y mi plasma se mezclara con otro, pero lo ibero símil y más aberrante es que para ellos obedecía a una práctica inquisidora donde la fe en la oración y la oración fue tan fuerte que no solo se mataban científicos sino que también se obligaban apersonas a orar estas prácticas fueron totalmente borradas de los archivos religiosos.

Se tomaban personas que su oración se suponía era escuchada por los milagros operados y cuerpo era negociado en vida porque su mano hacia milagro o sus pies o una parte de su cuerpo poseía el don de sanar o hacer caer la lluvia, eran enserados en cuartos oscuros sometidos a ayunos y a larga jornadas de oración. Patricia yo creo ser víctima de esta práctica de una cadena de oración que está extendida por todo el mundo, cuando mi proceso empezó mi intimida conyugal y fisca trato de ser eliminada mi yo trato de ser destruido por procesos psicológicos para aceptar el ser controlado por la voz de uno que pasa a ser mi conciencia esta voz maestra y guía es trasporta según la creencia por las imágenes sean sagradas o en ti. Por las avocaciones de jías, también estaban en sanatorios y fundaciones estatales como comunidades donde se adora Dios, conocí la historia también de un líder religioso que coleccionaba rostros de Dioses africanos eran enfermos con discapacidad física y mental sus rostros estaban tallados en madera en la casa donde planeaban la promoción de la fe eran sus Dioses al igual que en África algunas personas adoran a personajes victimas de sus colonizadores, al igual que algunas profecías de los pueblos indígenas se veneran hoy en todas las religiones personajes vivos, ocultos tras la fundación de los templos en cierta ocasión mientras estudiaba en una universidad de corte étnico se transacciono lo que algunas mujeres pensaban era mi miembro, material utilizado para llamar muertos y seguir escuchándolos en este plano de la existencia, todo obedecía a la época dorada de las religiones a cambio se realizó en la ciudad un malecón.

Este tipo de transacciones se realizaban en la época dorada de las religiones manos pies ojos de personas que las sociedades anteriores a la ilustración creían con poderes sobrenaturales para hacer milagros, pero patricia creo que reconozco tu culto.

Las grandes y pequeñas religiones le rinden culto yo fui perseguido por los practicantes de este culto un líder religioso me dijo que por esa razón algunos padres montan a sus hijos sobre sus piernas.

Millonaria inversión en el cielo

A decir verdad Alejandro este culto me sirvió mucho para tener la integridad de configuración física yo también lo practicaba todos las noches mientras soñaba con algún Mujer podía sentir mis propios pensamientos y estar atada a mi propia realidad, yo era vigilado por el cielo por algo que parecían estrellas y no eran más que satélites con gipi eth que controlaban la presión atmosférica sobre mí y me vigilaban toda la noche desde el espacio y controlaban, el cielo sobre mí y desde el espacio enviaba vibraciones sobre mí que mantenían a mi cuerpo a los milivoltios necesarios para mantener, a mi cuerpo atado a la señal en ocasiones tenía que dormir dentro de una bolsa que garantizaba el no ser tocado por la micro señal del espacio ella era lo suficientemente gruesa Patricia es que es mucha la inversión millonaria en el cielo, en docencia universitaria y en publicidad en las religiones para dar paso a la era espacial que se nos avecina la conquista del espacio está terminado con la creencia en el cielo como casa de los Dioses.

El controlar la población desde el espacio paso a ser una prioridad del gobierno para ello se gastan millonarias cantidades de dinero y en tierra nos hacemos la idea de un Dios que mora entre nosotros y nos olvidamos de que vamos a ser llevados al cielo la religión Patricia como siempre vendida al mejor postor está desmitificando ahora a Dios como es mejor decir lo están encarnando para desocupar el cielo, que se ven encuentra en peligro. También en tierra la idea de seres perfecto como tú y como yo ya se está vendiendo los bioandrohides y los biológicamente perfectos ya se habla de eliminar enfermedades y de genéticamente mejores, se empiezan abrir las puertas para clonar personajes religiosos y no halla protesta, el trabajo es fuerte día y noche lentamente se muestra, una sana competencia entre países por controlar el espacio que no debería de llamarse cielo sino más bien el espacio amor.es que son miles de millones de dólares los que se gastan en la construcción de satélites con armamento nuclear para controlar los países aseso denegado para los países tercer mundistas como África y América del sur fuertemente golpeados por el hambre y controlados por las economías de las potencias. Aportantes de las materias primas con las cuales se construyen, son miles de millones gastados en la conquista del espacio que Dios es el hermano y se anuncia que nadie se salva solo se construye la ciudad de Dios en la tierra con sus sueños fallido e imperfecta mientras lentamente se sueña la sociedad espacial Patricia mientras tanto.

Las sociedades perfectas con edificios inteligentes con control de temperatura de radiaciones de luz en sus vidrios y receptores de calor corrientes de aire lanzadas desde el espacio que controlan temperatura modificados, la comunicación satelital es solo un pretexto, para instalar en el espacio mecanismo de control satelital como el que se ensaya en nosotros, fabricados con super conductores cable de oro y piedras preciosas la carrera armamentista que comenzó en tierra se ha trasladado al espacio, estaríamos hablando de darse de una confrontación bélica con misiles atómicos desde el espacio, no se salva nuestras nubes controladas por pequeños satélites una vez Patricia intentaba introducirme en el mar porque mi cuerpo estaba perdiendo su configuración natural física y quería recuperarla, fue entonces cuando descubrí la potencia de los satélites y lo inhumano de los experimentos con seres humanos muchos de los tutores que supervisaban los experimentos, como estábamos conectados en el pensamiento y ello producía aturdidor sensación de desinhibición de estar lejos de la propio persona el proceso empezó en hospital psiquiátrico pero antes ya se todo empezó con las clases de biblia de aquel que parecía un fundamentalista líder religioso con aquel pasaje bíblico que según el debemos odiar a padre y madre luego al entrar en la universidad étnica todo estaba calculado sele causaría una confrontación cultural entre estos principios y los valores de colectividad que se promueven en las universidades causándole una confrontación entre la búsqueda espiritual de Dios como una certeza que supera los límites de nuestro conocimiento a pedirle que se habite solo en uno mismo, contradiciendo el concepto de Dios como dueño del ser entonces te sentías amenazado por toda la sociedad incluyendo tu familia verdad pasa lo mismo conmigo. Peleaba con todo y con toda la causa era hacerte sentir tanta ira hasta que tu pensamiento pudiera generar los milivoltios que luego se cargaría con tu adversario étnico ya comprendo lo que paso después mientras tu querías sentir la brisa y el mar llegaron niños que tenías que controlar en el pensamiento guiándoles con tu pensamiento y darles órdenes y enpeso la angustia del desdoblamiento astral esto es lo que llaman los cien filósofos es entonces cuando debes huir y buscar un lugar donde no esté igual a la altura del mar no eso no eso no se trataba tenía que esconderme a un lugar que no tuviera en línea horizontal con la señal viva que provenía de los niños esta es la ciudad satelital controlada del espacio que nos garantiza control total pero nos quita la oportunidad de toda expresión humana como estar tu juntos y yo,

El papel de las almas en la historia no ha cambiado lo que se reconstruye es la historia, podremos acaso decir que el alma que veía el mundo limitado por la religión es diferente a la que liga el concepto de naves espaciales a cielo, cuando faraón cruzaba el Nilo y creía estar surcando el cielo. La estructura y organización de la sociedad egipcias facilitaban la comprensión de la vida como una creación de Dios y era fácil hacerlo culpable, tanto de las cosas buenas como las cosas malas que ocurrían en todo lo mismo pasa con la sociedad Asiria y Babilónica, en estos años jóvenes de la ciencia era todo explicado en términos religiosos , la llegada del Cristianismo el Islam y el Judaísmo facilitaron la creencia que una alma podía gobernar todas las almas las relaciones establecidas entre deidades facilitaba la comprensión de fenómenos tan complejos como la muere, la lluvia las buenas y malas cosechas eran atribuidas a los Dioses.

La modernidad y la revolución industrial hoy volvieron la compresión de la creencia como algo personal e igual para todos cuando antes realmente la sociedad estaba inmersa en su creencia, esta formaba todos los lazos de interacción y de integración que existía entre los habitantes de la teocracia, hoy las religiones y los líderes religiosos se especializan en crear una conciencia segada de ciertos elementos confortativos de la realidad y segregan en conocimiento de la historia universal de los demás movimientos religiosos existentes a partir de las otras religiones y cada grupo ha creado un lente desde yo y nosotros somos los portadores de la verdad y los demás del error una sumatoria de verdades con pequeños recortes de los textos sagrados que abarcan todos los momentos de la historia pasada futura y presente su vida moderna queda reducida a pequeñas emociones inconscientes pero muy sentimentales basadas en su historia y los miedos como aversiones pasiones y fobias de su vida la historia pasada y pasan a ser su realidad religiosa y su religión y motivan su caminar en la religión este es pensamiento moderno que redujo la espiritualidad a mis reflexiones sobre mi realidad y pasado personal e grupal ninguna mente hoy mira las realidades de fe como puestas en conjuntos las una con las otras por que la búsqueda de espiritualidad ha cambiado ya no son estados teocráticos son estados laicos y la búsqueda de la verdad ya no se puede dar como cierta en una sola congregación o religión la búsqueda de Dios no se puede limitar a una sola religión debemos de indagar la realidad religiosa no solo en nuestra creencia si no también en las otras creencias la experiencia altruista del pasado nos invita a ser personas con ideales no aprendidos tanto como comprendidos e originales de tu experiencia de vida por los cuales se puede aguantar el la lluvia el frio el hambre y las enfermedades entonces solo entonces eres el portador de una deidad que vive contigo habla contigo y que se hace presente en las conversaciones, el Dios del otro no es más que en ocasiones mi yo limitado a las verdades aprendidas, la búsqueda del otro solamente nos limita a la congregación, la espiritualidad de los grande siempre dejo huella porque ellos superaban los límites de lo comprendido aprendido y se sumaban al infinito inalcanzable pero que deja huella para que otro los sigan.

En la ciudad del futuro se hace imposible esta experiencia los autos estarán unidos por pulsos una señal nos despertara saldremos a ver cómo nos movemos como funcionan de perfectos la distancia de los autos no abra choque de coche quien hable mucho quien como demás la originalidad y espontaneidad como creatividad se acabaran, la señal controlara el paso de los autos en estos operativos pude ver Patricia, como todos serán conectados por un ojo el orbitara al ritmo de la señal todas las ordenes serán dadas desde el espacio y en la tierra los autos y motos controlaran la cantidad de comida la orina o se disparara un pulso en la barriga o en la parte que se atrevió a desafiar la señal, las entrada al trabajo también serán controladas todo será tan sistematizado que para armar un auto la señal con sus pulsos nos dirá el momento de trabajar y de descansar las universidades no harán falta porque nuestras reflexiones serán dictadas por la señal que nos programa mientras dormimos y nos dirá el tiempo seremos despertado por la señal y cuando trabajemos la señal nos alejara del trabajo grupal mientras encontramos la respuesta al problema la señal continuara golpeando nuestra espalda, y con su inteligencia artificial.

Esta señal que Patricia tenemos que nos obliga en nuestro estado de mendigo pedir comida donde todo esta hablado y nos mantienen nuestra temperatura corporal a calores estipulado nos obliga a caminar y calcular nuestra comida para poder conservar la carga depositada en nuestra espalda que como una especia de inteligencia compite con nuestra inteligencia, si nos descuidamos un poco la carga se mueve de las diminutas manchas, y se podría llegar a nuestro corazón y seria nuestro fin por eso Paty antes de conocerte compartía con muchas mujeres para mantener mi temperatura corporal, y que mi cuerpo no se trasforme en metal son tecnologías modernas que abren una polémica intensa y debate ético moral y religioso las clonaciones ya están aquí , el trasplante de órganos los órganos bioelectrónicos, de allí que no se hable más del cielo y el infierno el alma de hoy es presente y la esperanza de un único gobierno es una realidad del control total de la humanidad es una realidad que se trabaja lentamente y se predica como Dios en todas las religiones. Los valores por los cuales aprendimos a luchar y defender ya no serán más el control total nos quitara la palabra que no hará falta solo necesitaremos la señal que contralara nuestra percepción y antes de hablar podremos adivinar que desea el otro los autos y electrodomésticos se activaran con solo pensarlo, esta nueva era que amenaza toda forma de religión la pienso Pati como el comunismo africano primitivo donde todavía no existía la palabra y no sabíamos nombra las cuando el pensamiento solo aceptaba lo que se veía y lo acogía sola que ya tendremos más tecnología con una técnica antigua de existencia, un retorno a los principios del habla sin representación la razón por la cual tu y yo fuimos seleccionados por la capacidad de representar en el pensamiento capacidad que solo tienen pocos Alejandro por esta causa nosotros nunca seremos bioandrohides por nuestro pensamiento es muy emotivo más bien con el pensamiento dialogal ya son bioandrohides cambiaron, su habla por la señal pueden dañar carros controlar los vientos y lluvia te lo resumo tiene super poderes les parece mejor la búsqueda de esta perfección en sus cuerpos que pasan todo el día con los celulares colocados en sus iodos recibiendo las descargas del espacio ellos aceptaron la comida sintética y utilizar ropa conciertas características que los alejan de la temperatura ambiente y mantienen su cuero en las condiciones propicias para que su cuerpo conserve la orden dada desde el espacio no toman agua toman bebidas sintéticas y medicamentos las religiones tienen mucho que decir ellos colocaron sus templos a disposición de los experimentos y sus libros de religión para programar el pensamiento a la señal satélite deja que te diga Alejandro ellos tienen que controlar la cantidad de dinero porque hasta esta se puede volver toxica no salen de paseo y no se integran no pueden llevar la luz del sol ni mojarse y el deseo de controlar la señal se hizo tan fuerte que para controlar sus movimientos decidieron utilizar silla de ruedas, no sienten ira su ira es una señal que si se exceden podríamos morir también nosotros de una sobre dosis debido a los milivoltios que depositaron en sus cuerpos y los nuestro ellos decidieron renunciar a cualquier forma de enojo, pero este es solo el principio de los males se trata de tener controlada la población los demás científicos los más experimentados están en las pequeñas naves del cielo simulando el clima de la tierra y atmosfera, trabajando el calentamiento global tratando de recrear un clima favorable para la raza humana.

La biotecnología es una forma de controlar la población nuestras ideas religiosas son las culpables de que estamos aquí debemos poder escribir un código de vida moral, apropósito Alejandro yo tuve que tener muchos novios el testimonio más grande y creo que tú y yo también estaremos de acuerdo de amar la vida antigua la que sufre la que llora la que ríe la que muere, que permite amarte como te amo y besarte, yo aleja me he encargo de recolectar experiencias de Dioses por que en definitiva el personaje que está en peligro en esta era en que nos hemos sumergido que tu llamas comunismo africano primitivo desconoce a Dios, y se necesita. Creo que no solo se necesita perpetuo lo único verdadero que pertenece a nuestra existencia porque aunque se enojen los evolucionistas las primeras manifestaciones de ciencia como la conocemos hoy nacieron en hombres verdaderamente religiosos aunque la evolución marco el camino de ciencia, es lo que se enseña hoy en las universidades, es la observación religiosa lo que le permite a la ciencia realizar, aseveraciones que recrean con otras formas la forma ya existente, si la ciencia da justificaciones a la diversidad la religión nos da una compresión de las acciones y actos humanos siembre abran de estar juntos para no dañar la integridad de la vida humana, aunque hoy tratamos de explicar el origen del mal fue la religión la primera que nos ha dado la explicación más acertadas y las dos sean quedado corta en lo concerniente al bi bag.

Hasta sabemos que la conciencia vino a ser conciencia cuando la moral intervino en la religión y para no perder esta conciencia he dedicado mi vida a investigar religiones y recoger la creencia en sus dioses, muchos se contentan con algunas oraciones y el amor a sus líderes y apego a sus enseñanzas, pero la religión oculto y oculta hasta hoy Dioses considerados paganos en realidad nunca desaparecieron de ningunas de las religiones, solo se camuflaron en las grandes religiones sus costumbres siguen vivas detrás de sus libros sagrados, he descubierto que los museos ocultan deidades de pueblos que son iguales hoy para los adoradores de cualquieras de las religiones los museos de Europa deberían de devolver las imágenes en oro presentes en sus museos y veneradas por los habitantes del mundo por que como ya es sabido existen rasgos evolutivos e ideas en común entre las diferentes deidades existentes, lo otro es que también se adoran personajes vivos, esto Alejandra puede acabar la locura de buscar Dios en el cerebro humano, son muchos los científicos que sueñan con descubrir a Dios en el cerebro humano , sobre esto hablo mucho de que es una relación entre el objeto externo y la interioridad humana sin objeto externo no hay experiencia de Dios , solo cuando haz acumulado tanta información y estas produciendo ideas que satisfacen tu creencia entonces se habla de experiencia de Dios cuando tu construcción metafísica y ella te lleva a enamorarte de tu ideal lo otro es la búsqueda del demonio, que ya nadie habla del demonio porque se supone que detrás de cada experiencia de un fundador de una religión se mejora y se sale de la falsedad y error religioso y cada nueva vida celestial nace con una nueva creencia creo que debemos reconocer que el demonio está presente dentro de cada congregación e religión por eso es demasiada la atención que se presta a Dios que se olvidan de retener o de intentar menguar la existencia de este enemigo llamado satanás. Paty porque aunque te escandalices tienen que existir dentro de las religiones existen algunas que le estén rindiendo culto a satanás esta presente en las iglesias es ahí donde se debe empezar a buscar el mal porque no puede existir un ser tan nefasto y malo que lleve más de Dos mil años siendo adorado en diferentes iglesias y en diferentes idiomas y siga callado además la experiencia demostró que las grandes religiones como las chicas están inmersas en delitos atroces por eso antes de criticar como hacen todas al mundo seria mejor que se empezara a buscar dentro de la iglesia en el fondo el mundo más que un enemigo y desdichados que se pierden lo bello y sabroso de las religiones, son una construcción para construir todo tipo de maquinaciones y seres malvados iguales o peores que los que están dentro de las religiones que en ocasiones conocen las causas de los males por las ciencias humanas y prefieren atribuírselo a un demonio inventado para cada cultura para cada pueblo y para cada comunidad , que en ocasiones trabajan para poderes para nada religiosos. Paty callo la noche recostémonos en el suelo que tenemos un satélite que cuida de nosotros quedémonos juntos a pensar que podemos hacer para que la humanidad no muera mañana será otro día para buscar nuevos Dioses en la ciudad del futuro.

De vuelta al comunismo africano primitivo

Para hacer frente a las sociedades y religiones satelitales y los pulsos presentes en las religiones y las principales ciudades del mundo, yo he tomado aquello que las ciencias desecharon temas que se cree causan enfermedades mentales o tienen comprensión para las ciencias humanas basadas en la razón ellas solo aceptan una descripción que tenga una explicación racional, pero cuando todo empezó Paty, yo no sabía que hacer mi propio pensamiento preso de una señal que competía con mi racionalización de la religión y es que siempre se nos enseñó que toda nuestra experiencias religiosas las podemos comprender con la racionalización de los escritos sagrados y su petición diaria para la vida, la fe que ejercemos no exige la racionalización de los postulados aprendidos e entendidos como realidades verdaderas que comprometen nuestra vida y nuestro obrar en la vida diaria. Yo lo descubrí cuando empezó el experimento que pretendía convertir las meditaciones religiosas en potencia de comunicación y en lenguaje como una forma de intuición que sea controlada por la señal casas controladas por el pensamiento carros computadoras y hasta los celulares es así como todo inicio cuando empezaron las tecnología táctiles sensibles al tacto humano y se abrieron las puertas para la introducción de partes humanas a las computadoras, los jóvenes y los padres de familia como la academia aceptaron los postulados de algunos científicos que están en las principales universidades del mundo, que somos ente luminosos y la teoría de la relatividad y un universo en expansión se impuso la idea que la humanidad podría alcanzar la estabilidad si éramos controlados por la razón pura esta la locura que sufrimos Alejandro todas las noches somos obligados a racionalizar algún problema de la humanidad mientras nuestros cuerpos que son los primeros en experimentar, dan las respuestas a estas problemáticas nuestro cuerpo debería acoger la señal como la vida misma, esta Paty que está en peligro está que conocíamos llena de emociones luchas por nuestra personalidad y combates y discusiones por encontrar la verdad y la formas ideales de integrarnos.

Qué triste es esa fragilidad la que nos conducía a algo de inseguridad e incertidumbre por el futuro la que se descubrió podría ser controlada por las biotecnologías, los países de común acuerdo decidieron crear unos nuevos campos de concentración con miras a ensayar estas nuevas formas de psiquismo la inteligencia convertida en razón pura que garantiza cero error en el obrar y cero ira en el corazón humano, las ciudades seleccionadas estaban inmersas, en operaciones diarias donde todos eran obligados a pensar por la señal y los desertores como yo Patricia nos vemos obligados a luchar con ella por ello produce unas sensaciones en la vida psicológica que los que aceptamos al hombre y mujer imperfectos nos parecen tan desagradable, porque toda la construcción en nuestros años de existencia debe desaparecer, Alejandro te recuerdo los cien filósofos como se les pensó originalmente todos miramos a los cien filósofos en sede de gobierno no ellos son sometidos desde donde se encuentren a pensar estimulados por la señal mi gran adhesión a la religión, fue la razón por la cual fui incluido como rezagado y de ejempló, cuando se empezó a mirar en las religiones algo obsoleto e incapaz de garantizar la convivencia imperfecta y criticada por las humanidades modernas aunque las humanidades también prometieron algo igual la realización de todas las facultades humanas pero las ciencias exactas consideraron que por sus aportes que consideraron reales para la creación de humanidad les correspondía gobernar, fue cuando se volvió a Leucipo y todos los materialistas.

Y termino siendo la electricidad y la electrónica la encargada de gobernar nuestras vidas de la mano de los satélites y los neuro transmisores nano frecuencias que se adaptaron fácilmente a las vibraciones lingüísticas producidas en nuestro cerebro y que hoy nos permite comunicar con nuestros pensamientos a distancia sin hablar, es como la vida que soñamos todos porque podemos predecir que necesita las personas sin que estas se den cuenta mientas la señal controla totalmente nuestros actos emotividad, que fue el problema por el cual se impuso estas nano tecnologías por qué cree que lo imperfecto del espíritu humano estaba en su emotividad lo que se conoce en ambientes religiosos como el corazón, los cien filósofos podemos conocer de antemano las necesidades de los demás e navegar en sus pensamientos y por los estados de alerta y el poder de la señal reconocer lo que se nos está pidiendo desde el satélite al tener cerca a nuestro tutor como decidí llamarlos , no crees Alejo que es el fin del mundo talvez las imágenes de las religiones que nos lo muestran con gran destrucción y estrepitosa violencia imagino que talvez hablaban del espíritu humano que se vería amenazado por la ciencia y hoy diríamos tecnología es ello lo que nos ha llevado a estos experimentos, porque la vida nos cambió mucho desde que se introdujeron partes artificiales en cuerpos normales y se descubrieron las frecuencias de los seres humanos nadie predigo a futuro las mutaciones causada en los hijos de aquellos modificados genéticamente con miras a garantizar seres humanos más sanos sus frecuencias biológicas empezaron a cambiar y ya no sentían las pulsaciones de sus cuerpos empezaron a ser como seres controlados por instintos no estimulados como los que Freud denomino conciencia animal ello comenzaban a realizar cosas podríamos decir al azar sin poder tener coherencia con el estímulo externo la señal que mantennos en secreto porque nadie en los tiempos que vivimos nos creara que la tecnología que apasiona y divierte a muchos está siendo ya utilizada en seres humanos, somos una tecnología que piensa usarcé en el futro en las principales fabricas del mundo donde la estimulación y un poco de estimulación interior seremos grandes obreros en los cuales nuestro estado de alerta será utilizado para las grandes fábricas donde unidos por la señal y las nanos frecuencias colocadas en nuestros cerebros resolveremos los principales desafíos logísticos de las empresas constructoras de autos edificaciones y hasta estaciones espaciales todos tomados por el sueño y trasmitiendo por el pensamiento no necesitaremos ni hablar durante nuestras jornadas de trabajo se cree que se habrán resuelto todos los problemas de la humanidad seres sin instintos sin miedo sin un corazón primitivo que late ante las angustias y adversidades que nos lleva a ser diferentes a debatir negar y hasta pelear, la señal perfeccionara por sí mismo nuestras formas de pensar y personalidades perfectas.

Espera Alejandro te explico esta nueva nano tecnología que se está ensayando ya todo empezó con la conquista del espacio y él envió de señales a la tierra nadie se percata porque fuimos invadidos por celulares y los países ricos se siente seguros controlando la población desde el espacio sin vigilancia sin guardias donde se tiene total libertad para vigilar la sociedad, tampoco los militares se libran de estas tecnologías lo bueno es que para camuflarla mejor se escogió gente del común para realizar este tipo de pruebas militares y se promovieron guerras alrededor del mundo para ensayarla, campesinos comunes y corrientes fueron seleccionados para formar parte de los combates existentes y los conflictos por hidrocarburos, grandes líderes religiosos y científicos repartidos por el mundo seleccionaban a niños en sus templos para realizar los experimentos, de ellos hay varios famosos que se opusieron fuertemente a estas nuevas formas de control mental que sobrepasan ampliamente las aplicadas en los medios de comunicación fue así como un campesinito derrumbo una de sus principales agencias mostrando que las biotecnologías funcionan este pequeño logro siendo adulto aterrorizar a los principales gobiernos del mundo y los países ricos este es una respuesta que se le pidió diera después de atacar la ciudad amurallada y cercada de alarmas, la sociedad sintió miedo pero en su intento por detener la utilización de esta biotecnología logro demostrar que estas estimulaciones funcionan, el otro también que trabajo con este y logro demostrar que funcionan fue nombrado presidente de un país enemigo de los amurallados como fuera de línea el primero se le pregunto desde el espacio como provocar una guerra mundial. él fue trabajado primero por un enemigo de los países amurallados, donde recibió la nano tecnología en la cabeza el recuerda como aquellas noches que tuvo que dormir en las calles empezó cuando dormía al lado de un templo religioso donde estaban las principales agencias de seguridad que vigilaban el proceso en una casa de control estatal estaban adaptando las nano frecuencia a su cabeza durante varias noches donde fue convencido de que iba en búsqueda de poner a prueba las principales escrituras durante varias noches con rayos infrarrojos su cerebro fue asimilando las nano frecuencias que permiten conectarse al satélite con la ionización del clima, la terapia no terminaba ahí también debía de recibir en su integridad tres neuro trasmisores que lo tuvieran durante día y noche pensando los cuales recibió a la segunda noche todo fue iniciado por el macabro cerebro de un líder religioso. Que se reunieron a la mañana siguiente de los impactos para ofrecerle religión estos sonriente se presentaron ante el campesino que se sintió alagado pero desconocía sus verdaderas intenciones y el proceso por el cual había pasado en uno de sus templos como se ha vuelto costumbre Alejo el creyó recibir una petición de parte de su Dios que le pedía salvar la Religión este estaba en el templo y de repente sintió una fuerza que lo impulsaba a moverse hacia su casa con la cabeza inquieta por los problemas de los nuevos planteamientos de las religiones, la sensación continuo durante barias jornadas por que el líder religioso que ya estaba infestado por esta nano tecnología le centro el pensamiento en sus libros sagrados, pero lastimosamente en esta congregación no fue aceptado al regresar a su tierra tubo que observar como la situación de las religiones estaba de mal en peor por esto viajo a la ciudad donde fueron colocadas las nano frecuencias que durante el tiempo que estuvo realizando pruebas militares tenía que percibir la distancias de tropas y los movimientos del ejercito enemigo por ello fue perseguido y aun que todo era producto del proceso de construcción psicológica el ser rechazado por sus amigos y su refugio en las religiones está siendo controlado y manipulado, el en la ignorancia que permanecen la mayoría de practicantes de religiones psicológicamente sentía como se apegaba al sacerdote a la distancia y cuerpo a cuerpo el desconocía que su pie fue conectado a la espalda del líder religioso con la celebración él se conectaba al Biomdrohide que era el líder religioso y tenía sus primeras conversaciones con el satélite y sus primeras conversaciones guiadas por el satélite, luego empezaron los operativos que incluía caminar mucho y enfrentarse en el pensamiento a persecuciones que incluían poblaciones con sus motos y carros hasta encontrar el tutor los operativos duraban veinticuatro horas y en la noche ser sondeado por rayos infrarrojos mientras se duerme en una ocasión logro bloquear uno con una moneda colocada sobre el disparador de frecuencias infrarrojos puesta en la calle.

El color de la ciudad y la pintura de ella fue modificada para dar la sensación de vivir en una virtual realidad, ya existían ciudades virtuales y hasta se organizaban realitis y ciudades con autos controlados y motos controlados probaban el estado de vigilia de los participantes los problemas económicos que sufría la humanidad el deterioro de la capa de ozono resultaban grandes entretenimientos para algunos ricos, este campesinito acostumbrado a la vida silvestre quiso con esa respuesta poner de relieve estos experimento que se realizaban en los países de su religión con niños como lo fue el en países también como África y América del sur eran víctima de estos experimentos.

Pero los campesinos se adaptaron para promover una conservación del cuerpo humano con su integridad este campesino que comunicaba por la espalda decidió cargar hojas a su espalda que lo mantenían conectado por la ionización a los arboles le gustaba sentir la brisa que soplaba cuando las señales hacían vibrar su espalda tomar mucha agua y comer alimentos naturales cuando los bioandrohides debían comer alimentos entregados por el sistema y ponerse ropa preparada especialmente para las vibraciones de su espalda y que lo desconectaban de sistema ecológico natural en que vivía, él no se quedó quieto Alejandro se quitó la camisa y se dedicaba a estar largas horas bajo el sol sin camisa ello lo desconectaba del satélite tomaba mucha agua fresca y se daba deliciosos banquetes, también su actitud frente a la vida el que era considerado uno de los cien filósofos y que no debía mezclarse con la gente del común tomo la iniciativa de formar parte de obreras sindicales todo porque el objetivo era electrificar suavemente con electrolitos enviados desde el espacio su integridad y desaparecer la configuración atómica natural de su cuerpo y recibir radiaciones de luz que mantuvieran su cuerpo fuera del sistema bioecologico presente ante esta amenaza él se recostaba bajo la hierba y arboles y tomaba dos piedras en sus manos que lo mantenía conectado al clima su integridad que se conectaba a los metales de los autos y motos en su proceso de desintegración en conjugación con los metales eran varias las amenazas que cernían sobre la integridad del campesinito la primera conectarse al satélite y ver como su integridad se desintegraba para pasar a ser parte te los metales y estos experimentos se estaban realizando en los países con conflicto.

Todo esto ocurría mientras un grupo de científicos se alegraban y los mecanismos de defensa de la vida guardaban silencio por que estaban al tanto de los experimentos lo mas doliente es que los lideres religiosos no encontraban respuesta en sus libros religiosos y no sabían que hacer ni como pronunciarse pobre campesino por eso el decidió tumbar el centro de los amurallados, y por cierto este pensaba mucho a Dios y tuvo que modificar su forma de pensar para no pensar a Dios fue entonces cuando decidió volverse agnóstico pensar a Dios sin verlo en el pensamiento no buscarlo por intuición ni convicción verlo en las culturas y formas de pensar hasta en los cultos no practicado en las religiones como vinculo espiritual fue cuando descubrió una red de tráfico de oraciones antiguas conectados en el pensamiento y que trasportaban por el pensamiento partes sagradas por que este pobre campesinito debía trasporta archivos de la red por su cuerpo lleno de nano frecuencias con esta práctica antigua podía estar conectado a la realidad

En varias practicas de su religiosidad estos podían desconocer la sensación de una mano o pie como un ojo o cualquier parte del cuerpo después de las celebraciones salían sin poder registra alguna parte de su cuerpo conectado a este trafico de oraciones que incluía medicamentos que desestabilizaban a las personas con miras a estar en su parte mas intima y desligar al individuo de su consagración y con la obediencia a líder podrían apoderarse del sueño y hacer que la persona en su inconsciente mientras participa de la oración reza no para si reza para el líder religioso y la red de trafico de oraciones al cual el pertenece hay así miles de personas que rezan por otros pero sin saberlo y están en hospitales psiquiátricos y fundaciones como clínicas todo se da por la fe que ejercen en esos personajes lideres religiosos es así como se adoran personajes desde otras perspectivas diferentes a los fundamentos de las religiones establecidas.

Hay un tema muy antiguó pero que continua vigente en las religiones actuales y es el trafico de partes sagradas y la confusión de los cielos y los estados de conciencia despierta, con prácticas de magia antiquísimas del antiguo y actual África vivo en todas las religiones. Como la invocación de muertos y la adoración de las fuerzas de las naturalezas, sean refugiado en el sincretismo que es ampliamente difundido y aceptado adorando personajes que son deidades de otras antiguas creencias pasa con las imágenes que veneran algunas religiones y las oraciones practicadas por otras, pero si esto pasa por el lado de los lideres religiosos en los practicantes es aun peor ellos se limitan a repetir formulas y oraciones por tradición mientras la comprensión la racionalización y la aplicabilidad a la vida diaria se ve reducida a un acto de magia si magia por que en la magia se espera que las cosas ocurran de la nada y sin una racionalización es decir cómo me habla el Dios venerado y como hablo en sus inicios por que lo hizo y que quiso decir para los creyentes de entonces como se interpreto a lo largo de la historia de la religión y lo mas frustrante como lo hago presente yo en mi vida y evidente a la vida de los demás se conforman con fórmulas aprendidas echas por otros desconociendo el por que es necesario para el problema que estoy afrontando la bondad la misericordia la compasión y todos los atributos de Dios quedan reducidos a un idealismo que es el Dios y mi vida de pecado o de mortal imperfecta que no comunica con la practica religiosas soy como un niño que aprendió a saludar y recibir el saludo sin comprender las diferencias de tiempo, el forma individual se a colectivizado y la forma ciega de educar hoy en la religiones a los creyentes, a la deidad no se cuestiona ni se racionaliza ni se comprende ni se aplica solo se reza por eso hoy las prácticas de oración que realizan las diferentes religiones como una práctica de repetición por milagros obtenidos de otros esta es la tradición pero es esta misma tradición la que debemos racionalizar para amar el objeto de nuestra practica y poder comprender las peticiones de Dios y la forma como estamos trabajando la vida comunitaria, creó que para aspirar a una creencia religiosas se debe comprender dos elementos que son el fundamento de las religiones de hoy la sugestión y la superstición son características de las religiones primitivas, pero que no comprendidas hacen de la fe un gran negocio la sugestión termino que se usa en las religiones antiguas, es como se realiza contacto con la creencia que después se convierte en fe real para el creyente que cae en la superstición por que no racionaliza la creencia una verdadera fe reconoce las tres pero sabe como y cuando echar mano de cada una de ellas necesarias para poder valorar las experiencias religiosas la vida de fe enfrenta realidad que desdicen del idealismo religioso en que están la mayoría de creyentes que desconocen las características del Dios venerado , por que si bien practicamos una religión nosotros tenemos una conciencia colectiva con la cual nacemos y crecemos y nos enfrentamos a la vida todas las experiencias religiosas no se pueden valorar solamente desde la concepción de la existencia del pecado, es la conciencia colectiva que vive en nosotros la que nos lleva a crear comunidad, la que define nuestros justos apetencias facultades mentales y orientación en la creencia por eso a la hora de hablar de salvación o de conversión hay que reconocer al individuo con su historia por que de estos elementos es como el individuo construirá su contemplación de Dios el tema de la contemplación entendida como el estar a solas con Dios es un regalo que el alma disfruta por eso en el pasaje del rico y Lázaro. Lázaro representa el alma contemplativa que descubre su placer en relacionarse con Dios.

La contemplación es la montaña donde yo subo son mis sufrimientos y fatigas que me alejan de los ideales religiosos y personales y descubro que sobre la base de todo ello puedo construir la angustia en que sumergido veo no solamente la religión si no el mundo y subiendo y bajando una y otra vez voy encontrando los caminos que trasforman mi pequeñez en la inteligencia de Dios que se pone en pos de reconstruir mi camino y el camino para la humanidad, no siempre es la literatura para la conversión de las almas en algunas ocasiones es la proyección misma de mi vida o el destino nuevo que debo tomar para alcanzar la realización del proyecto de Dios en la humanidad, que realizando a los demás y sirviendo de luz termina realizándome a mi mismo por que descubro la voluntad de Dios, la contemplación es angustia interna por la corona de gobernador que nos pone a reinar como David cuando asume el loco frente a Saul como Sansón en los patios de palacio de los filisteos que desemboca en paz como en el budismo y las religiones orientales, es la angustia que motiva por que el iluminado vive su realidad de riqueza y pobreza al mismo tiempo física y espiritual, en términos psiquiátricos una alma dividida en su yo destruido por las necesidades y anhelos de la sociedad el materialismo lo buscara dentro de los atributos y características del espíritu humano que materializa, las vivencia de su alrededor es un debate amplio pero sin importar como se defina es felicidad paz y tranquilidad para aquel que decide por la vía contemplativa realizar las acciones de sus obras, esta que se encuentra en peligro por los avances de la ciencia y la búsqueda del pensamiento de Dios en el cerebro humano, los experimentos en la integridad humana amenazan su vida misma en estos experimentos con la vida humana amenazan la muerte con experimentos cercanos a la muerte una meditación que no puede faltar con la chispa de la vida introducida en la integridad humana que compite con su naturaleza misma en la búsqueda de la perfección practica de acciones y pensamientos a propósito Patricia hay lideres Religiosos que han vuelto a la vida después de estar muertos por la toma de medicamentos no se que pensar de ello donde queda la intimidad intima donde queda ese lugar donde la conciencia si se pierde es locura esa intimidad que construimos durante años como se ve amenazada por la ciencia la vida como don de tiempo y espacio se ve limitada la intimidad que construimos durante años hoy se ve amenazada por la chispa de la vida yo sufrí fuertemente Aleja cuando se debió abrir espacio en mi para la chispa de la vida esta inteligencia artificial que debe destruir, la construcción humana de intimidad para poder dar solo razones a las estimulaciones en espalda y sistema nervioso que estimulan mis propias ideas y convicciones algo así como mi yo sintiente los ideales que creí empiezan a ser estimulados por una pequeña corriente que corre mi espalda y macipital horizontal y vertical, la inteligencia no necesita la parte irracional o emotiva ella solo puede concretizar y materializar problemas de orden de preguntas y respuestas, sabe lo correcto y lo incorrecto no tiene esa dudatibilidad que producen los ideales humanos los afectos las convicciones las creencias las proyecciones por las cuales hemos discutido peleado, deben abrir paso para dar camino a preguntas razonables y racionabilizables en conjunto los ideales universales que desconocen la rebeldía de la duda y la meditación que conduce a una decisión la inteligencia racional y la racionalización vencieron en las universidades y religiones, como escuelas filosóficas este pensamiento universal se adueño de las mentes que admiramos, pero no resulto ser mas que magia y sugestiones más superstición elementos primitivos de los cuales eche mano Paty para conocer el espíritu que antes de ser redimidos por la fuerza de Dios tiene unos vínculos espirituales cultos antiquísimos que aunque no están en nuestro código genético si gobiernan nuestro espíritu, es allí donde pude construirme un corazón amenazado por la chispa de la vida, el poder amar desde la razón agnóstica pero con un corazón que debió amar a su clan mientras era perseguido y estimulado por la chispa de la vida disparada desde los satélites los autos motos , ellas trasformaron mi corazón en un centro de cómputo lo más increíble Patricia es que pienso que este es el sufrimiento de ser inteligencia superior o creo ser un clon oculto esta es la forma de ver la vida las relaciones y los valores para los considerados mentes brillantes, solo cuando dividí mi corazón y decidí vivir entre el bien ideal de las religiones y mi vinculo espiritual ancestral imperfecto fue cuando pude conectar mi alma al corazón entonces Paty fue cuando me pregunte como esta el alma como está el corazón de aquel que decido dar su cuerpo para los experimentos cercanos a la muerte y que ha muerto tres veces su vida su creencia creo que su fe y sus razones quedaron vacías como toda su vida Paty es esta vida la que me niego a perder tener fe y razones para creer al centro del alma debe estar ese corazón imperfecto que se niega a morir que nos ata a esta vida pero deja abierta la esperanza a un mas allá esa experiencias y sueños de resurrecciones fueron aniquilados por las memorias computacionales y las señales. Hoy podemos vivir en las señales eléctricas y reencarnarnos en otros individuos.

Con un código registrado la señal de vida la nueva chispa de la vida de cual tu y yo somos víctimas nos permitirá a nuestras inteligencias vivir en otros cuerpos seremos una señal y viviremos en algún satélite esperado un cuerpo para regresar, allí es donde me aferrado a los Dioses y empezado mi trabajo de investigación es esta la memoria que deseo dejar y a la cual deseo ser un día integrado a la memoria de los muertos no de las religiones tradicionales como la memoria de alguna deidad sin importar si es considerada por los religiosos como pagano y me apegado a estos ideales imperfectos para convivir no con la ciudad perfecta como con la ciudad del bien y el mal a diferencia del líder religioso que se ha aferrado a su vida y vive aunque esta muerto gracias a las biocargas de la vida que configuran eléctricamente su cuerpo y le han permitido vivir aunque a experimentado la muerte humana varias veces yo me aferro patricia a la esperanza de que si convivimos con el bien y mal tratándonos de portarnos lo mejor posible podemos alcanzar algún lugar espacial en los cielos aun que el vive su vida es limitada no pueda mojarse debe vallarse en un líquido plasmático pasar grande parte del tiempo en una cámara hiperbárica no puede comer alimentos naturales tiene que comer medicamentos en forma de alimentos no puede estar mucho tiempo expuesto a la luz del sol es una vida bioelectrca que se lleva yo decidí Paty por que el es uno de los cien filósofos tener procreación también el quiere vivir para siempre como una memoria y que sus pensamientos sigan siendo escuchados por todos los que tienen las biocargas y la población que se inmunizo para estos tipos de experimentos su juventud no fue diferente solo que las restricciones aumentan con el paso de los años yo me aferre a un culto de Baal semen es una religión antigua que nunca murió Paty los practicantes comen comida con muchos colorantes como el complejo de Edipo de Semud Freud que creen estar enamorados de la madre en la niñez estos creen tomar semen de las personas por la boca esta práctica también se presentó durante la inquisición en algunas brujas es lo que buscan los pedófilos cuando abusan de sus víctimas esta antigua religión practicada desde la antigüedad esta presente en todas las religiones.

Este efecto es casi muy parecido a la racionalización alta o altos niveles de racionalización que se experimenta en los años de practicar una religión alguna practicas culturales lo utilizan para ligar los hijos y traer hijos como hombres Patricia como puedes practicar algo tan asqueroso, no lo práctico es el vínculo espiritual es el pecado en mi no es una abstracción son cosas concretas con las que nacemos y tenemos que lidiar toda la vida de allí herede mi inteligencia, es decir que te gusta no Patricia es la forma evidente como herede el pecado, para convertirme a alguna religión debo romper con este vínculo espiritual mis más allegados probablemente eran practicantes yo por estar unido, busco Dioses ellos me ayudaran a romperlo sin que mis ancestros sufran, ellos me atan a la vida imperfecta a la vida que conoce el dolor que con esta practica puedo sentir que soy alguien y olvidarme de la chispa que compite con mi inteligencia y conservar vivo el corazón,

Se remonta a África donde hay rituales de dolor en la iniciación sexual golpes, los rituales para estos pueblos se remonta a Roma donde violaban niños y Grecia estos son los pedófilos actuales Sacerdotes de Baal semen Dioses como estos sobreviven en toda Europa y Asia como América.

Llamarlo así no escandaliza como la descripción son religiones sin clero del saber popular estas que abundan en el mundo sus practicantes no sienten miedo tienen una alta autoestima y son insensibles al dolor en un mundo tan caótico garantiza el triunfo en la competencia por una vida mejor yo me veo inmerso por pertenecer al clan no estoy de acuerpo pero ante ser una chispa eléctrica y verme obligado a ser tu novio te elegí a ti para poder tener un corazón sensible y alejarme de sus practicas anti humanas mientras me conecto a algunos de los cielos

Table of contents

Printed by Books on Demand GmbH, Norderstedt / Germany